O testemunho
Celebrando a partilha

Edmundo de Lima Calvo

O testemunho
Celebrando a partilha

Paulinas

Dados Internacionais de Catalogação na Publicação (CIP)
(Câmara Brasileira do Livro, SP, Brasil)

Calvo, Edmundo de Lima
    O testemunho : celebrando a partilha / Edmundo de Lima Calvo. –
São Paulo : Paulinas, 2009. – (Coleção dízimo)

    ISBN 978-85-356-2540-0

    1. Dízimo   2. Oferta cristã   3. Vida cristã   I. Título.   II. Série.

09-10327   CDD-248.6

Índices para catálogo sistemático:
1. Dízimo : Serviço de Deus : Vida cristã : Cristianismo   248.6
2. Ofertas : Serviço de Deus : Vida cristã : Cristianismo   248.6

1ª edição – 2009
4ª reimpressão – 2019

Citações Bíblicas: *Bíblia da CNBB*, 7. ed., 2008.

Direção-geral: *Flávia Reginatto*
Editores responsáveis: *Vera Ivanise Bombonatto*
e Antonio Francisco Lelo
Copidesque: *Ruth Mitzuie Kluska*
Coordenação de revisão: *Marina Mendonça*
Revisão: *Leonilda Menossi*
Direção de arte: *Irma Cipriani*
Gerente de produção: *Felício Calegaro Neto*
Projeto gráfico: *Manuel Rebelato Miramontes*

Nenhuma parte desta obra poderá ser reproduzida ou transmitida por qualquer forma e/ou quaisquer meios (eletrônico ou mecânico, incluindo fotocópia e gravação) ou arquivada em qualquer sistema ou banco de dados sem permissão escrita da Editora. Direitos reservados.

Paulinas
Rua Dona Inácia Uchoa, 62
04110-020 – São Paulo – SP (Brasil)
Tel.: (11) 2125-3500
http://www.paulinas.com.br – editora@paulinas.com.br
Telemarketing e SAC: 0800-7010081
© Pia Sociedade Filhas de São Paulo – São Paulo, 2009

Apresentação

Às vezes, fico me perguntando o que seria da Igreja no Brasil sem a ajuda de irmãos e irmãs católicos alemães, italianos e outros, que generosamente ajudam na evangelização nesse imenso Brasil.

Às vezes, fico também me perguntando: até quando conseguiremos essa ajuda? Já não está na hora de enfrentarmos esta dependência com o que temos e com o que somos? Buscando nossa sustentação?

Acredito que isso se faz, prioritariamente, pela organização do preceito bíblico do dízimo, ou outras formas de contribuição adequada e estável de todos os católicos. É mais do que urgente que nossas lideranças incentivem a contribuição consciente de nossos católicos para poder sustentar a evangelização de nossa Igreja.

Muito se tem feito, mas muito ainda necessita fazer. Encontramos vários subsídios, equipes organizadas, testemunhos eloquentes, mas grande parte de nossos católicos ainda não se sente responsável pela ajuda na sustentação e na evangelização de nossa Igreja.

O *testemunho – Celebrando a partilha* é um subsídio escrito pelo Pe. Edmundo, o segundo com esta temática, que certamente ajudará e muito nossas comunidades a conscientizarem nossos católicos da necessidade da partilha e solidariedade entre nós.

Em minha passagem por São Paulo, indo para o encontro dos Bispos em Itaici, Deus me deu a graça de celebrar com a comunidade, sentir o compromisso dos comunitários e ouvir alguns dos depoimentos escritos no livro.

O livro, com linguagem bem popular, simples, nos apresenta encontros para serem realizados em qualquer época em nossas comunidades eclesiais. Parte de fatos concretos, testemunhados por pessoas que estão exercendo e vivenciando a prática do dízimo, justificados e iluminados pela Palavra de Deus. Na verdade, são encontros orantes que vão ajudar nossos católicos a tomarem consciência do significado do dízimo e da importância do trabalho da pastoral do dízimo.

Dom Gilberto Pastana
Bispo de Imperatriz – MA

Orientações

Este livro contém cinco encontros bíblicos em forma celebrativa. A Bíblia é o livro que inspira a fé cristã. Anunciar a mensagem de Deus não é fácil. Imagine falar sobre o dízimo numa comunidade que não aprendeu a partilhar?! Pois bem, a maioria das pregações sobre o dízimo está baseada no dinheiro, e não na Palavra de Deus.

Desejamos que toda comunidade se mobilize numa compreensão bíblica mais profunda do dízimo. A Palavra de Deus não pode ser lida de qualquer jeito. Por isso, esses encontros devem ser feitos com os agentes pastorais, os grupos de círculos bíblicos, os fiéis dizimistas ou não, os catequistas, os pais dos catequizandos, os jovens e toda a comunidade.

O *Pai-Nosso do Amor-Partilha* será rezado em todos os encontros.

Os testemunhos apresentados são verídicos e os nomes das pessoas também. Somente o nome do sr. Felipe foi mudado, mas o fato é real. Após o quinto encontro, o leitor encontrará o testemunho da catequista Terezinha que descrevemos como o deserto do amor-partilha. O testemunho de vida acontece a partir da vivência da Palavra de Deus. Os ensinamentos bíblicos devem ser lidos a partir do coração, e não da razão. Tudo que brota do coração dá frutos de amor.

Os cantos encontram-se nas últimas páginas.

Sugestões:
- definir o lugar, data e horário de cada encontro;
- reunir e preparar o encontro com antecedência;
- no último encontro, os diversos grupos de formação bíblica devem se reunir e preparar uma grande partilha entre todos os fiéis da comunidade. Isto é o início de uma nova caminhada comunitária;
- no final ou ao longo dos encontros, ler individualmente e em silêncio os textos bíblicos propostos e meditar calmamente os testemunhos e as reflexões.

A organização é por excelência o centro da vida. O serviço para ser realizado com eficiência precisa de 90% de organização e 10% de criatividade. Por isso sugerimos que tudo seja planejado:

Encontros	Local	Responsáveis	Data	Hora
1º				
2º				
3º				
4º				
5º				

    A comunidade é sua e nós somos a família cristã. Faça de sua comunidade um espaço de alegria e de comunhão. Celebre em comunidade e testemunhe a fé a partir da experiência da partilha.

    O dízimo nasce do coração humilde. Abençoado seja o seu dízimo!

Pai-Nosso do Amor-partilha

Pai nosso que estais nos céus, santificado seja o vosso santo nome; ensinai-nos a partilhar o vosso dízimo na Igreja para que vossa vontade seja feita aqui na terra como no céu. O pão nosso de cada dia nos dai hoje e vossa justiça seja feita em toda parte da terra. Perdoai nossa ganância, egoísmo e individualismo e que o vosso reino seja implantado no imenso universo. Livrai-nos da tentação de querer reter a parte que vos pertence. Que vosso perdão nos traga a bênção da vossa infinita bondade e que possamos encontrar-vos, plenamente, um dia, em vosso magnífico coração. Sabemos que tudo isso é possível, por meio do amor-partilha. Amém.

1º Encontro

Ofertar o dízimo com fé

Preparando o ambiente

Bíblia aberta e velas. Coloque em cima de uma mesa alimentos para serem partilhados e deixe durante todo o encontro.

Saudação

Dirigente: Estou muito feliz de estar com vocês neste momento para refletir sobre o sentido bíblico do dízimo. Neste espírito de partilha, iniciemos em nome do Pai, do Filho e do Espírito Santo.

Canto inicial

Oração

Dirigente: Senhor, Deus da partilha, iluminai os nossos corações para que saibamos reconhecer que tudo vem de vós. Curai o nosso egoísmo e limpai o "lixo" da ganância para reconhecer que sois o criador da vida. Purificai o nosso coração para que o dízimo seja fonte de luz. Por Cristo nosso Senhor. Amém.

Testemunho

Leitor 1: A sra. Cleusa, catequista dedicada, participava da comunidade com muito entusiasmo. Ela nos contou que o seu dízimo era um "lixo". Na sua mente, o dízimo era uma esmola para ajudar o padre.

O "cobrador" do dízimo passava em sua casa e ela dizia que estava passando muita dificuldade. Ela entrava em casa e dizia para si mesma: "Ah! Dízimo é coisa de Igreja". Na volta trazia um minguado real. Ela nos disse: "Acredite, eu dava e achava que era muito".

D. Cleusa, sete anos como catequista esforçada, amava as crianças, preparava com amor os encontros, participava das missas, das novenas, rezava o terço, participava da adoração do Santíssimo e outras atividades da comunidade.

Na comunidade não existia uma Pastoral do Dízimo. O padre formou uma equipe e surgiu a Pastoral do Dízimo. A d. Cleusa, como a maioria dos fiéis, foi participar da primeira palestra por curiosidade. Naquele encontro, o padre fez um convite para os "novatos" ("velhos de comunidade") fazerem parte daquela Pastoral. A d. Cleusa se levantou e disse que queria participar. A catequista Cleusa, uma "veterana" de Igreja, "queria entender o sentido bíblico do dízimo".

Hoje, a irmã Cleusa devolve o seu dízimo e se considera uma defensora da partilha. A catequista Cleusa, depois de muito tempo, testemunha: "No momento sinto-me muito feliz, porque a minha comunidade se mantém com o dízimo. Tudo isto é bênção. Devolva o dízimo de Deus na casa dele. Acredite, o meu dízimo era 'lixo' e, hoje, é uma graça. Faça a experiência".

A conclusão da d. Cleusa: "Eu era cega de olhos abertos, porque não lia a Bíblia com os olhos da fé. Sinto que, agora, o dízimo tem sentido por causa da leitura diária da Palavra de

Deus. Antes, eu tinha vergonha de levar a Bíblia para a Igreja e, para as reuniões levava uma simples agenda para anotar os compromissos. Por isso, o meu dízimo era um 'lixo'. Meu irmão e minha irmã, se você não fez a experiência, faça-a! É algo tão lindo na vida de um ser humano. Faça e verá como Deus é maravilhoso. Um beijo no seu coração".

Leitura da Palavra de Deus

Levítico 27,30: "Todo dízimo do país tirado das sementes da terra e dos frutos das árvores pertence ao Senhor como coisa consagrada".

Eclesiástico 35,7-8: "Glorifica o Senhor com generosidade, e não seja mesquinho nos primeiros frutos que você oferecer. Quando oferecer alguma coisa, esteja de rosto alegre e consagre o dízimo com boa vontade".

Meditação

Leitor 2: Evangelizar é saber partilhar e devolver os melhores frutos do trabalho e do suor de nossas mãos. A evangelização inicia-se no coração do fiel que sabe valorizar os serviços da comunidade.

A grandeza do dízimo se manifesta por meio das ações comunitárias de partilha. O dízimo, como dádiva, é a forma de partilharmos o que temos de melhor para com os irmãos e irmãs da comunidade.

Hoje, não podemos deixar um boi de carne e osso na Casa de Deus, mas podemos deixar em sua casa – a Igreja – a parte do salário que será transformado em livros de catequese e de canto, cimento, bancos, pisos, alimentos para os pobres, hóstias, velas, manutenção da casa paroquial e do padre, no pagamento da água, luz, telefone, secretaria, festas da partilha, tais como almoço, jantar, bolos dos encontros de jovens, da formação dos catequistas, viagens e outras atividades evangelizadoras.

Descobriu as sementes que devem ser tiradas do seu coração que pertencem ao nosso Deus? *Consagre o seu dízimo e partilhe o amor!*

As interrogações que faço: existem catequistas que não têm consciência do sentido bíblico do dízimo? O que faremos para transformar a nossa realidade? Onde devemos iniciar o serviço de catequese do dízimo?

Reflexão

Dirigente: O dízimo deve ser consagrado a Deus:

a) Você devolve o dízimo na comunidade em que participa? Conte a sua experiência.

b) O seu dízimo ainda é "lixo" ou é uma bênção partilhada em comunidade?

d) O testemunho da d. Cleusa mexeu com o seu coração? Se o seu dízimo era um "lixo", que deixe de ser "lixo" para tornar-se um tesouro especial, muito especial, porque Deus merece tudo de muito especial e não "lixo". Comente.

Preces

Leitor 3: Senhor Deus, iluminai o coração de nossos irmãos e irmãs para que saibam devolver o dízimo em suas comunidades. Rezemos ao Senhor.

Todos: **Senhor da partilha, escutai a nossa súplica.**

Leitor 3: Deus do amor, penetrai no coração de cada um de nós para que reconheçamos que sois a partilha do amor. Rezemos ao Senhor.

Todos: **Deus do amor, atendei o nosso apelo.**

Leitor 3: Deus do amor, transformai o coração de cada um de nós para que o nosso dízimo não seja mais "lixo" e, sim, uma dádiva do teu infinito amor. Rezemos ao Senhor.

Todos: **Amor da partilha, escutai o nosso pedido.**

Preces espontâneas.

Dirigente: Senhor da vida, vós criastes a luz, o firmamento, as águas, as plantas, as estrelas, a noite e o dia, os peixes, os pássaros, os animais de todas as espécies e os seres humanos; curai nosso egoísmo e implantai em nosso coração o amor-partilha. Tornai-me um dizimista que saiba acolher o vosso Reino. Amém.

Dirigente: Vamos unir as nossas mãos e rezar juntos a oração do *Pai-Nosso do Amor-partilha*.

Partilha dos alimentos e abraço da paz

Dirigente: A paz nos une na partilha e nos torna mais irmãos e irmãs em comunhão com o Pai, o Filho e o Espírito Santo. Saudemo-nos uns aos outros no Amor-partilha.

(Após cumprimentarem-se, partilham-se os alimentos.)

Bênção

Dirigente: Deus Pai da partilha, abençoai cada irmão e irmã para que o dízimo seja sinal do vosso amor no meio de nossa comunidade.

Todos: **Amém.**

Dirigente: Peço-vos que neste momento derrameis a vossa imensa bondade.

Todos: **Amém.**

Dirigente: Abençoe-vos o Deus Todo-Poderoso, Pai, Filho e Espírito Santo.

Todos: **Amém.**

Dirigente: Ide em paz e partilhai o dom precioso de Deus.

Todos: **Amém.**

2º Encontro

A oferta do amor

Preparando o ambiente

Bíblia aberta e velas. Coloque em cima de uma mesa agulha, roupas novas, roupas usadas e alimentos para serem partilhados no final do encontro.

Saudação

Dirigente: Como é bom estarmos juntos novamente! Em nome do Deus Amor-partilha que é Pai, Filho e Espírito Santo.

Canto inicial

Oração

Dirigente: Ó Deus, dai-nos coragem para ofertar o que temos de melhor. Sabemos, Senhor, que toda oferta vem de vós e é vossa. Por isso, pedimo-vos que laveis o nosso espírito egoísta para que a nossa oferta seja santificada e abençoada pelo vosso infinito amor. Por Cristo nosso Senhor. Amém.

Testemunho

Leitor 1: D. Zenaide é avó, mãe e doméstica; além de trabalhar fora, cuida dos netos e ainda faz todas as atividades domésticas de sua casa. Alguém deve estar pensando: "D. Zenaide não tem tempo de participar de sua comunidade e de ofertar o melhor de si para Deus".

D. Zenaide, apesar desta longa jornada, participa da Pastoral do Dízimo, círculos bíblicos, e é uma missionária que bate de porta em porta anunciando a Palavra de Deus. A noite é escura e faz muito frio. E lá vem Zenaide com a Bíblia para o estudo bíblico.

Acredite, os irmãos e irmãs da Pastoral do Dízimo foram colaborar com outra comunidade, fora de nossa cidade, e d. Zenaide estava lá, junto conosco. Na hora, convidamos para que falasse de sua experiência como dizimista. A lutadora Zenaide nos surpreende: "Eu passo roupa para fora e tiro a décima parte e devolvo-a à Igreja em que participo".

Alguma novidade? Para quem acredita na força da Palavra de Deus e vive a experiência do dízimo integralmente e testemunha a fé em comunidade não há nenhuma novidade. O que nos deixou pasmo foi quando ela abriu a boca e disse: "Descobri que ainda não era fiel ao meu Deus". O que é isso, d. Zenaide? A vida é cheia de surpresas. Ela continua: "Eu faço alguns bicos costurando e não devolvia para Deus o que recebia deste serviço. Agora pego e levo no ofertório a décima parte daquilo que ganho com os serviços de costureira".

Duvida? Não duvide, porque conhecemos profundamente o coração de d. Zenaide. Tudo na santa paz. Com certeza você está pensando que tudo terminou. Engano. A irmã Zenaide reserva o domingo para o serviço do Senhor. Todavia, alguns vizinhos vão até a sua casa pedir para que ela faça um serviço de costura e ela, com carinho de mãe, sempre realiza com amor. Este serviço, ela o faz secretamente e não conta para ninguém que realiza o trabalho de graça. O domingo é dia do Senhor. Existe um tempo para Deus? "São muitos os convidados, quase ninguém tem tempo", diz a música.

Leitura da Palavra de Deus

Gênesis 4,1-12: "O homem se uniu a Eva, sua mulher, e ela concebeu e deu à luz Caim, dizendo: 'Ganhei um homem com a ajuda do Senhor'. Tornou a dar à luz e teve Abel, irmão de Caim. Abel tornou-se pastor de ovelhas e Caim pôs-se a cultivar o solo. Aconteceu, tempos depois, que Caim apresentou ao Senhor frutos do solo como oferta. Abel, por sua vez, ofereceu os primeiros cordeirinhos e a gordura das ovelhas. E o Senhor olhou para Abel e sua oferta, mas não deu atenção a Caim com sua oferta. Caim ficou irritado e com o rosto abatido. Então o Senhor perguntou a Caim: 'Por que andas irritado e com o rosto abatido? Não é verdade que, se fizeres o bem, andarás de cabeça erguida? E se fizeres o mal, não estará o pecado espreitando-te à porta? A ti vai seu desejo, mas tu deves dominá-lo'. Caim disse a seu irmão Abel: 'Vamos ao campo!' Mas, quando estavam no campo, Caim atirou-se sobre seu irmão Abel e o matou. O Senhor perguntou a Caim: 'Onde está teu irmão Abel?' Ele respondeu: 'Não sei. Acaso sou o guarda do meu irmão?' – 'Que fizeste?', perguntou ele. 'Do solo está clamando por mim a voz do sangue do teu irmão! Por isso, agora serás amaldiçoado pelo próprio solo que engoliu o sangue de teu irmão que tu derramaste. Quando cultivares o solo, ele te negará seus frutos e tu virás a ser um fugitivo, vagueando sobre a terra'".

Meditação

Leitor 2: O nascimento de uma criança é um presente de Deus, ou seja, uma oferta. A vida é uma bênção. Caim e Abel foram ofertas abençoadas que vieram ao mundo, como dádivas do Amor-fecundo. Caim e o seu irmão Abel ofertaram a Deus os frutos do seu trabalho. Caim ofertou um produto que não agradou a Deus.

Hoje, entre nossos fiéis, acontece o mesmo. Existem pessoas que pegam uma moeda que está jogada no lixo e leva para ofertar na Igreja. A oferta desta pessoa nasceu de sua experiência de fé ou de seu egoísmo? Percebemos no texto bíblico que a oferta de Abel agradou a Deus. A experiência de fé de Abel era vivida com consciência. A vivência de Caim era vazia. A raiva de Caim é fruto da inveja. A inveja é sofrer pela felicidade do outro. O invejoso não deseja a felicidade do seu próximo e, sim, a desgraça. Ele mata o seu irmão por puro egoísmo.

A ganância sacrifica o serviço de evangelização das comunidades cristãs. A oferta oferecida com amor serve para manter o serviço da Casa de Deus. O dízimo é de Deus e a oferta é nossa. Por isso, quando ofertamos deixamos um pouco de nossa vida no altar do Senhor. As toalhas do altar, os livros litúrgicos, as vestes do padre e outros são frutos de nossa oferta. Você doaria uma toalha, um armário, um saco de cimento, telhas, cadeiras e outros objetos velhos para a Igreja? Existem comunidades em que as pessoas enchem a Igreja de

coisas velhas ou estragadas? Acreditamos e entendemos qual é a oferta que agrada a Deus.
Reserve a melhor oferta e a entregue no altar do Senhor.

Reflexão

Dirigente:
a) Ofertamos o melhor para Deus? Comente.
b) O nosso egoísmo impede de levar a oferta no altar do Senhor?
c) Qual a oferta que agrada a Deus? Quem é Caim ? Quem é Abel?

Preces

Leitor 3: Senhor Deus da partilha, transformai o nosso egoísmo para que possamos ofertar o melhor para a vossa Igreja. Rezemos ao Senhor.
Todos: **Acolhei a nossa oferta.**
Leitor 3: Pai da humanidade, derramai a vossa imensa graça sobre cada um de nós. Rezemos ao Senhor.
Todos: **Recebei a nossa oferta.**
Leitor 3: Luz de bondade, transformai os nossos corações para que possamos colocar na mesa da partilha a oferta de nossa vida. Rezemos ao Senhor.
Todos: **Iluminai o nosso coração.**
Preces espontâneas.
Dirigente: Senhor, nós vos agradecemos por termos a oportunidade de refletir sobre o sentido bíblico da oferta.

A gratidão é infinita e bendizemos o vosso glorioso nome. Olhai, ainda, o coração dos vossos filhos e filhas aqui presentes que tiveram a alegria de estudar e orar sobre o valor magnífico da oferta. Por Cristo nosso Senhor. Amém.

Dirigente: Rezemos juntos a oração do *Pai-Nosso* do *Amor-partilha.*

Partilha dos alimentos e abraço da paz

Dirigente: Estenda sua mão e oferte o seu abraço. Saudemo-nos.

(Após cumprimentarem-se, partilham-se os alimentos.)

Bênção

Dirigente: Deus, abençoai os vossos filhos e filhas aqui presentes para que sejam verdadeiros ofertantes.

Todos: **Amém.**

Dirigente: Iluminai, Pai, os que aqui se encontram para que tenham um dia repleto de vossa santa graça.

Todos: **Amém.**

Dirigente: Mostrai a vossa face e abençoai-nos em nome do Pai, do Filho e do Espírito Santo.

Todos: **Amém.**

Dirigente: Ofertai a sua vida a Deus e caminhai na paz do Senhor.

Todos: **Amém.**

3º Encontro

O segredo do amor

Preparando o ambiente

Bíblia aberta e velas em cima de dois tijolos. A mesa poderá ser ornada com flores ou outros ornamentos naturais e ter pães, biscoitos, bolachas, sucos ou chás.

Saudação

Dirigente: Irmãos e irmãs, o momento é de muita alegria e gostaria de acolher com a paz de nosso pai Abrão. Abençoados pelo amor-partilha, iniciemos este encontro em nome do Pai, e do Filho e do Espírito Santo.

Canto inicial

Oração

Dirigente: Senhor de nossos antepassados, abençoai e iluminai a nossa mente para que tenhamos o espírito de sabermos reconhecer o nosso dízimo seguindo o exemplo de nosso pai Abraão. Pedimos que derrame as vossas bênçãos sobre cada um de nós para que, espontaneamente, ofertemos o vosso santo dízimo. Por Cristo nosso Senhor. Amém!

Testemunho

Leitor 1: O jornalista busca ansiosamente uma notícia para que o seu jornal publique o fato em primeira mão. No meio jornalístico, essa notícia publicada de surpresa recebe o nome de "furo".

O caso que irei descrever não vou dizer que seja uma notícia jornalística e, sim, uma experiência de fé que não poderá ser publicado em um jornal de grande circulação, mas num espaço como este.

O sr. João foi batizado na Igreja Católica e frequentava a Igreja nas missas de sétimo dia, casamento, Natal, Sexta-Feira Santa, primeira Eucaristia e, às vezes, quando era padrinho de casamento ou de batizado. Num certo domingo, o sr. João resolveu caminhar até à Igreja para participar da celebração. Ele entrou, sentou e escutou um testemunho sobre o sentido bíblico do dízimo. O seu João saiu da Igreja e foi para sua casa com a cabeça cheia de "minhocas", ou seja, dúvidas.

O irmão João nos disse: "Eu não acreditava neste negócio de dízimo. Depois daquelas palavras que ouvi na celebração, resolvi entregar o meu dízimo escondido de minha esposa. A minha mulher não gosta muito de Igreja. Todavia, eu quero que ela saiba, através deste meu testemunho, que estou firme na Igreja e comprometido com o Senhor Jesus".

O amante da notícia continuou ouvindo o seu João. Ele suspira e fala novamente: "Hoje reconheço que ser dizimista é ser evangelizador". Na mente dele ser dizimista é ser um anunciador da vida, da missão e dos ensinamentos de Jesus Cristo. Poderia continuar relatando a história do nosso amigo João, mas espero que o testemunho, de você que está lendo, complete o dele.

Concluo a matéria com as palavras do seu João: "Hoje aparece tanto serviço que não consigo atender a todos".

Qual é o trabalho do seu João? Banqueiro? Jardineiro? Empresário? Pedreiro? Agricultor? Executivo? Descubra o serviço dele. Ele é parecido com o seu. Estamos ansiosos para relatar a sua notícia. Obrigado!

Leitura da Palavra de Deus

Gênesis 14,17-20: "*Quando Abraão voltava, depois da vitória contra Codorlaomor e os reis aliados, saiu-lhe ao encontro o rei de Sodoma no vale de Save. Melquisedec, rei de Salém, trouxe pão e vinho e, como sacerdote de Deus Altíssimo, abençoou Abrão, dizendo: 'Bendito seja Abrão pelo Deus Altíssimo, Criador do céu e da terra. Bendito seja o Deus Altíssimo, que entregou teus inimigos em tuas mãos'. E Abrão entregou-lhe o dízimo de tudo*".

Meditação

Leitor 2: A bênção não pode ser negociada. Ela é um dom gratuito. O dízimo é uma dádiva que pertence ao Deus da vida. Se o dízimo pertence a Deus, não devemos esperar nada em troca. Existem pessoas que contribuem com o dízimo esperando algo em troca e, quando não conseguem o esperado, deixam de "pagar o dízimo". Colocamos a expressão "pagar o dízimo" entre aspas para dizer que isto não é dízimo, e sim uma forma de fazer negócio com Deus.

Acreditamos que você prestou muita atenção na atitude de Abraão. Ele entregou o dízimo a Deus por ter alçando a vitória sobre os inimigos. Quais os inimigos que devemos enfrentar nos dias de hoje? Egoísmo, ganância, individualismo, competição e injustiça? Abraão foi justo e não quis nada dos outros. A riqueza dele era justa. Tudo o que era de Deus ele devolvia. O dízimo pertence a Deus, então, entregue-o na sua casa. O seu João e o pai Abraão não duvidaram da bondade de Deus e entregaram o dízimo na casa dele. Eles não queriam nada dos outros. Abraão, um pagão convertido e o sr. João, um cristão que acreditou na mensagem de Jesus, mudaram de caminho, fizeram a experiência do dízimo e se tornaram um anunciador da mensagem de Deus. O dízimo é fonte da justiça.

Reflexão

Dirigente:
a) Negociamos com Deus o nosso dízimo?
b) Existem cristãos que agiam como o senhor João e, hoje, devolvem o seu dízimo?
c) Em nossa comunidade vivemos mais o espírito do egoísmo ou da partilha?
d) Somos justos no dízimo? O que está faltando?

Preces

Leitor 3: Abraão, nosso pai na fé, intercedei para que o nosso dízimo seja uma bênção de Deus. Rezemos ao Senhor.
Todos: **Pai da fé, transformai o nosso coração.**
Leitor 3: Olhai, Deus da justiça, para que sejamos justos com o vosso projeto de Amor-partilha. Rezemos ao Senhor.

Todos: **Dádiva do amor, abençoai o nosso dízimo.**

Leitor 3: Luz da bênção, penetrai em nosso coração para que sejamos fiéis na oferta do dízimo. Rezemos ao Senhor.

Todos: **Luz da graça, iluminai os teus filhos e filhas.**

Preces espontâneas.

Dirigente: Pai de bondade, o dízimo é testemunho de partilha e de gratuidade da comunidade que confia em vós. Pai, a comunidade cristã precisa de recursos para evangelizar. Iluminai os vossos filhos e filhas para que sejam evangelizadores por meio da oferta do dízimo. Pedimo-vos pelo Cristo que vive nos corações dos batizados, na força do vosso Espírito Santo. Amém!

Dirigente: Rezemos o *Pai-Nosso do Amor-partilha*, como sinal de nossa união.

Partilha dos alimentos e Abraço da Paz

Dirigente: Deus, nosso Pai, estendei a vossa mão sobre cada um de nós para que a paz seja sinal de vossa bênção. Saudemo-nos, na graça de nosso Senhor Jesus Cristo e na força do Espírito Santo.

(Após cumprimentarem-se, partilham-se os alimentos.)

Bênção

Dirigente: Deus de Abrão, abençoai os vossos amados filhos e filhas para que sejam justos na devolução do dízimo.

Todos: **Amém.**

Dirigente: Senhor do pão e do vinho, derramai vossa luz sobre a nossa comunidade.

Todos: **Amém.**

Dirigente: Voltai para nós a vossa face. Abençoe-nos o Deus Todo-Poderoso: Pai, Filho e Espírito Santo.

Todos: **Amém.**

Dirigente: Caminhai na graça e devolvamos o que é de Deus.

Todos: **Amém.**

4º Encontro

O dízimo do amor

Preparando o ambiente

Bíblia aberta e velas. Mesa com foto de uma criança em cima de um tijolo. Cada um deve trazer um pouco de alimento para ser compartilhado.

Saudação

Dirigente: No Batismo, nascemos para Deus. Iniciemos este encontro em nome do Pai e do Filho e do Espírito Santo.

Canto inicial

Oração

Dirigente: Deus de amor, olhai nossas crianças. Elas são sinal da grandeza do vosso amor derramado entre nós, e assim mesmo, nosso coração continua egoísta. Pedimo-vos que ilumineis a nossa vida para que possamos partilhar tudo que recebemos de vós. Por Cristo nosso Senhor, na unidade do Espírito Santo. Amém!

Testemunho

Leitor 1: Na comunidade, uma vez por mês, uma pessoa testemunha ou lê uma passagem bíblica que marca a sua vida como dizimista. Numa noite bonita, Igreja repleta de fiéis, uma voz soa no microfone para relatar um fato sobre a experiência do dízimo. Essa pessoa que relata o caso é uma senhora conhecida carinhosamente como Cidinha. Ela faz parte da Pastoral do Dízimo.

As surpresas surgem do meio de nossa realidade e a realidade poderá revelar o outro lado de nossa própria vida. D. Cidinha pega o microfone e saúda a assembleia: "Boa-noite! Estou nervosa, desculpe, hoje não vou ler um trecho da Bíblia, mas relatar um fato que aconteceu comigo outro dia, quando estava no acolhimento do dízimo. Um senhor chegou, devolveu o seu dízimo. Sorri e disse-lhe: 'Deus o abençoe'. Ele me respondeu: 'Amém'. Esperava que ele fosse embora para participar da missa. Que nada! Ele olhou para mim e falou: 'Agora quero devolver o dízimo do meu filho'. Recebi o dízimo. Curiosa, perguntei: 'Quantos anos tem o seu filho?' Ele respondeu: 'Dois anos'. Não querendo acreditar, perguntei: 'Ele já devolve o dízimo?'. O pai responde que sim.

Fiquei muito emocionada, porque nunca tinha visto algo parecido. Foi tão marcante para mim que guardei no meu coração para relatar hoje. Estou muito, muito feliz. Vocês não imaginam a alegria que sinto no momento de falar deste acontecimento. Veja como o dízimo é uma bênção de Deus. Nunca tinha visto um pai devolver o dízimo da mesada do seu filho. Que coisa maravilhosa!"

A assembleia ficou em silêncio, depois de ouvir o testemunho da agente do dízimo. A experiência do dízimo é algo que brota do coração de Deus. No decorrer do tempo, observamos que as pessoas que vivem a fé com entusiasmo na comunidade devolvem o dízimo com alegria. O dízimo é um presente de Deus.

Leitura da Palavra de Deus

Êxodo 25,1-9: "O Senhor falou a Moisés: Dize aos israelitas que ajuntem ofertas para mim. Recebereis a oferta de todos os que derem espontaneamente. Estas são as ofertas que recebereis: ouro, prata, bronze, tecidos de púrpura violeta, vermelha e carmesim; linho fino e pelos de cabra; peles de carneiro tintas de vermelho e peles finas; madeira de acácia, azeite de lâmpada, bálsamo para o óleo de unção e para o incenso aromático; pedras de ônix e outras pedras de engaste para o efod e o peitoral. Eles me farão um santuário e eu habitarei no meio deles. Fareis tudo conforme o modelo da morada e de seus utensílios que vou mostrar".

Meditação

Leitor 2: O meu cofre está cheio de "joias" e não consigo desfazer-me delas. O ladrão chega e leva tudo. Vem o remorso e digo: "Ah! Se eu tivesse doado para uma obra de caridade ou para uma Igreja!" Sabemos que o "cofre" em que guardamos as nossas "joias" é o nosso coração. Deus pede a Moisés que diga aos seus filhos que ofereçam generosamente o melhor para ele. Irmãos e irmãs, não temos ouro, prata, pérola, diamante, ouro fino ou bronze para devolver à Casa de Deus. O que temos de melhor são os frutos do suor de nosso trabalho.

Na maioria das vezes, ainda não devolvemos a parte que pertence a Deus e gastamos com coisas que não têm valor para a nossa vida. Exemplo: cigarros, jogos, bebidas, drogas e outros. Deus pede aos seus filhos os melhores produtos. Muitas pessoas oferecem o pior para a sua comunidade e, para se desfazerem de um objeto velho, oferecem para a Igreja. A Casa de Deus deverá receber o melhor, e não o pior. Será que vamos louvar a Deus no pior lugar ou no melhor? O dízimo que devolvemos ou ofertamos à Casa do Senhor deverá ser a pedra de ônix e o óleo aromatizante. Dízimo é o diamante de Deus.

Reflexão

Dirigente:

a) Devolvemos o dízimo de coração aberto ou constrangido?

b) Ofertamos generosamente o dízimo?

c) O dízimo é um diamante de Deus? Comente a sua experiência.

d) A Casa de Deus é o lugar para se levarem as coisas velhas ou novas?

Preces

Leitor 3: Senhor, que o meu dízimo seja ofertado generosamente em vossa casa com alegria. Rezemos ao Senhor.

Todos: **Santuário da vida, aceitai a nossa oferta.**

Leitor 3: Deus de amor, queremos sentir a vossa santa mão tocar em nosso coração para que sejamos generosos com a nossa comunidade.

Todos: **Ouro da vida, recebei o nosso dízimo.**

Leitor 3: Pai das crianças, transformai o coração dos vossos filhos para que saibam reconhecer que sois o templo da vida.

Todos: **Gerador da vida, atendei os vossos servos.**

Preces espontâneas.

Dirigente: Diamante do amor, penetrai em nossa alma para que sejamos generosos com o santo dízimo. Pedimos para que sejamos filhos fiéis na devolução de tudo o que vos pertence. A vossa casa é a nossa morada. O templo deve ser cuidado como se fosse a pérola da vida. Pedra da bondade, tudo isso vos pedimos em nome do vosso filho Jesus. Amém!

Dirigente: Rezemos a oração do *Pai-Nosso do Amor-partilha* em sinal de comunhão.

Partilha dos alimentos e abraço da paz

Dirigente: A paz é a plenitude da justiça, por isso, partilhemos o nosso afeto desejando a santa paz uns aos outros.

(Após cumprimentarem-se, partilham-se os alimentos.)

Bênção

Dirigente: Pai do amor, abençoai as famílias para que aprendam a repartir com a comunidade.

Todos: **Amém.**

Dirigente: Templo da vida, abençoai as crianças para que aprendam a devolver o dízimo.

Todos: **Amém.**

Dirigente: Senhor do amor-partilha, abençoai a nossa comunidade para seja exemplo de partilha e de solidariedade.

Todos: **Amém.**

Dirigente: Abençoai em nome do Pai, do Filho e do Espírito Santo.

Todos: **Amém.**

Dirigente: Ide na graça do menino Deus.

Todos: **Amém.**

5º Encontro

O milagre do amor

Preparando o ambiente

Bíblia aberta e velas. Prepara-se uma mesa com alimentos e no final, comam juntos, partilhando em família.

Saudação

Dirigente: Irmãos e irmãs, a nossa caminhada é magnífica e Deus nos reúne para mais um encontro do Amor-partilha. Na graça de nosso bondoso Deus, iniciemos a nossa oração em nome da Santíssima Trindade: Pai, Filho e Espírito Santo.

Canto inicial

Oração

Dirigente: Ó Pai, purificai nosso coração com a vossa graça e derramai a vossa bênção, que saibamos abrir o coração e as mãos para ofertar nossa vida e nosso trabalho em vossa santa e amada Igreja. Por nosso Senhor Jesus Cristo, na unidade do Espírito Santo. Amém!

Testemunho

Leitor 1: O sr. Felipe participa de sua comunidade há muitos anos. Ele nos contou que já participou de vários serviços pastorais de sua comunidade. A nossa equipe foi até a sua comunidade para animar a Pastoral do Dízimo.

No final do encontro, o irmão Felipe me chama de lado para contar um "segredo". Sorri e perguntei: "Qual é a novidade, seu Felipe?" Ele abaixou a cabeça e me disse: "Estou com vergonha de contar esta história porque sou membro da Igreja faz muito tempo". Disse-lhe: "Seu Felipe, não fique acanhado, a vida é cheia de várias surpresas e é bom que elas existam senão não teria graça". Ele fica em silêncio e responde: "É verdade, mas a minha maior decepção é que já trabalho na Igreja há anos e não entendia o sentido bíblico do dízimo".

O bate-papo continuou e lá pelas tantas o senhor Felipe disse: "Num domingo a minha esposa pediu para eu ir comprar verduras para o almoço e acabei me esquecendo de ir à feira e não comprei as verduras. Ela tinha reservado o dinheiro para eu fazer as compras. Não tinha reservado nada para trazer para a missa. Como eu não tinha feito a compra, resolvi trazer hoje aquela quantia. Hoje chegando aqui vocês estavam falando sobre o sentido bíblico do dízimo e das ofertas. O senhor não sabe o que aconteceu." Balancei a cabeça e respondi: "Não!" "Pois bem, peguei aquele dinheiro das verduras e trouxe para colocar nas ofertas e não sabia que hoje vocês viriam aqui falar do sentido bíblico do dízimo e das ofertas. Tenho certeza que isto é um mistério de Deus". Fiquei calado. Ele continuou: "O meu filho é dizimista. Acredite, eu, membro da Pastoral Familiar, não sou dizimista. Agora vou começar a devolver o meu dízimo direitinho".

O caso do sr. Felipe me deixou emocionado. Depois de muito tempo encontrei com o sr. Felipe e ele me disse que estava feliz em ser dizimista em sua comunidade. Como pode alguém "velho" na pastoral ter a coragem de me chamar no final de uma celebração e relatar um fato deste? Acredito que existam vários membros de pastorais que não são dizimistas. Lembra-se do seu João? Ele disse que descobriu que ser dizimista é ser evangelizador. Como podemos evangelizar e partilhar em comunidade se não mantivermos a nossa comunidade com o dízimo? A maioria das pessoas não tem pena de apostar em jogos, comprar bebidas alcoólicas, drogas, cigarros... que destroem a sua vida. Todavia, na hora de ofertar o dízimo para sua comunidade fazem cara feia.

Concluo com a última frase do sr. Felipe: "Desculpe por ter tomado seu tempo para relatar esta verdade que saiu do meu coração. Se eu não contasse ficaria com o coração amargurado". Disse: "Obrigado, sr. Felipe, por ter propiciado esta grande bênção. *Ofertar é abrir as mãos e oferecer o fruto de nosso trabalho.*

Leitura da Palavra de Deus

Deuteronômio 16,15-17: "Durante sete dias celebrarás a festa em honra do Senhor teu Deus, no lugar que ele tiver escolhido. É que o Senhor teu Deus te abençoou em todas as tuas colheitas e em todo o trabalho de tuas mãos; por isso te entregarás à alegria. Três vezes ao ano, todos os teus homens deverão apresentar-se ao Senhor teu Deus, no lugar que ele tiver escolhido: na festa dos Pães sem Fermento, na festa das Semanas e na festa das Tendas. Ninguém aparecerá perante o Senhor de mãos vazias; cada um fará suas ofertas conforme as bênçãos que o Senhor seu Deus lhe houver concedido".

Meditação

Leitor 2: O lugar onde devemos levar a nossa oferta é a Casa de Deus. Uma pessoa consciente leva as oferendas à sua Igreja com alegria. Ela, quando sai de sua casa, vai contemplar as maravilhas do seu Deus na casa de oração. A bênção que ela recebe é um dom eterno do Pai. A graça não precisa ser paga. O sacramento que recebemos é uma graça, por isso, devemos ter consciência que é por meio de nossas ofertas e de nossos dízimos que sustentamos o projeto de nossa comunidade cristã.

Já li alguns autores e ouvi de pessoas que participam da Igreja que não gostam de falar de dízimo. Existem membros que até gostariam de mudar o nome da palavra dízimo. Pergunto: "Será que eles vivem do maná que cai do céu?" Uma comunidade evangelizada não precisa de cobrador de dízimo e sim de cristãos comprometidos com o plano de Deus. O projeto de Deus é que todos partilhem em comunidade. A oferta e o dízimo não são impostos, e sim, dom de Deus. Traga de acordo com a bênção que recebeu de seu Deus. Oferte o seu dízimo na comunidade em que participa. Oferte o amor e receba o dom da alegria.

Reflexão

Dirigente:

a) Ofertamos o melhor ou o pior para Deus?

b) Ficamos tristes em devolver o dízimo e preferimos comprar coisas desnecessárias: cigarros, bebidas, fazer apostas...?

c) Existem pessoas que participam da Igreja como o seu Felipe? O que podemos fazer para evangelizar e ser evangelizados? Qual será o seu gesto?

Preces

Leitor 3: Deus de amor, ajudai vossos filhos e filhas para que tenham alegria de ofertar com generosidade os dons da vida. Rezemos ao Senhor.

Todos: **Deus da vida, escutai a nossa prece.**

Leitor 3: Pai de bondade, escutai o nosso clamor para que aprendamos a oferecer os frutos de nossas mãos. Rezemos ao Senhor.

Todos: **Deus da alegria da partilha, aceitai a oferta de vossa bondade.**

Leitor 3: Criador dos frutos da vida, ensinai-nos a oferecer o que somos e o que temos de melhor. Rezemos ao Senhor.

Todos: **Nossa bênção e fortaleza, acolhei os nossos dons.**

Preces espontâneas.

Dirigente: Nosso Deus e nosso Pai, agradecemo-vos por este encontro maravilhoso. Sabemos, Pai de alegria, que a vossa Casa é o lugar onde saborear vossa santa Palavra. Derramai vossa bênção para que saibamos apresentar em nossa comunidade os dons de vossa graça e que são também frutos de nosso trabalho. Pedimo-vos por meio de nosso Senhor e

Salvador Jesus Cristo, na unidade do Espírito Santo. Amém!
Dirigente: Queridos irmãos e irmãs, rezemos com entusiasmo a oração do *Pai-Nosso do Amor-partilha*.

Partilha dos alimentos e abraço da paz

Dirigente: Sinta o calor de Deus na pessoa do seu irmão. Saudemo-nos uns aos outros no Amor-partilha.
(Partilha dos alimentos na mesa do amor. Temos a sobremesa-amor, a sobremesa-partilha e a sobremesa-testemunho-de-vida.)

Bênção

Dirigente: Ó Pai, abençoai nossa comunidade para que aprenda a ofertar o que tem de melhor.
Todos: **Amém.**
Dirigente: Senhor dos frutos da terra, derramai vossa bênção sobre vossos amados filhos e filhas.
Todos: **Amém.**
Dirigente: Abençoe-nos o Pai, o Filho e o Espírito Santo.
Todos: **Amém.**
Dirigente: Que ofertemos nossa vida e caminhemos sempre na estrada do Senhor.
Todos: **Amém.**

O deserto do Amor-partilha

Descrever um testemunho é algo muito complexo porque se trata de falar em nome de alguém. Os profetas de Israel falavam em nome de Deus. Não sou profeta nem filho de profeta, mas quero relatar a experiência da catequista Teresinha, uma mulher de fibra e fiel ao projeto de Deus. Ela é uma catequista veterana e uma missionária comprometida com os ensinamentos de Jesus, o primeiro missionário de Deus. Posso definir Teresinha como uma profetisa comprometida com a partilha comunitária.

Teresinha é uma senhora amorosa, atenciosa, dedicada, contemplativa, e uma mulher de oração. Ela trabalha como catequista faz mais de vinte anos. Ela passou seis anos como catequista e não era dizimista. Numa certa ocasião, ela abriu a Bíblia num trecho sobre o dízimo, porque, na catequese, ela não sabia falar sem se apoiar numa espiritualidade mais aguçada, ou seja, encarnada na Palavra de Deus.

O testemunho da Teresinha inicia assim:

> Fazia seis anos ou mais que eu era catequista. Dizia que iria pagar o dízimo. Quem deve precisa pagar. Não sabia na época que dízimo é Palavra de Deus e luz para que uma comunidade seja próspera, abençoada e cheia de vida. Num certo dia, deu uma louca na minha cabeça e fui buscar na Bíblia uma resposta sobre o sentido verdadeiro do dízimo. Não percebia ninguém falar do dízimo. Então, fui à luta. Abri minha Bíblia e comecei a ler a passagem do profeta Malaquias que

diz: "Eu sou o Senhor e não mudo jamais, vós filhos de Jacó-enganador, e nunca chegais ao fim. Desde o tempo de vossos pais desobedecestes as minhas determinações e nada guardastes. Voltai para mim e eu voltarei para vós – diz o Senhor dos exércitos. Mas vós perguntais: "Voltar como?" Pode um ser humano enganar Deus? Pois vós me enganastes! E perguntais: "Como foi que te enganamos?" No dízimo e nas primícias. Vós estais mesmo amaldiçoados, pois é a mim que estais enganando, nação inteira. Trazei ao tesouro do templo o dízimo integral, para que haja recursos na minha casa. Fazei comigo esta experiência – diz o Senhor dos exércitos. Vamos ver se não abro as comportas do céu, se não derramo sobre vós minhas bênçãos de fartura, se não elimino as pragas das plantações, para que elas não acabem com a produção dos campos, nem reduzam a zero a safra dos vinhedos – diz o Senhor dos exércitos. Então as nações vos chamarão de felizes, pois esta será de verdade para vós uma terra deliciosa – diz o Senhor dos exércitos" (Ml 3,6-12).

Este trecho tocou no meu coração. Sabe como foi a minha experiência com a Palavra de Deus? Comecei a ler um dia, dois, três e quando percebi já estava completando um mês que estava lendo este trecho da Palavra de Deus. Depois deste mês conversando com Deus, fui à Igreja levar o meu dízimo. Após este contato

> com Deus, o dízimo não era para mim uma dívida, e, sim, uma bênção. A partir dali me tornei uma dizimista integral. Já faz quinze anos que oferto o meu dízimo integralmente. Hoje sei que não pago, mas devolvo a parte que pertence a Deus. Não sinto que estou roubando ou enganando a Deus. Tudo brota do meu coração naturalmente.
> Continuo sendo catequista e missionária na comunidade. Sinto que dentro de mim resplandece a felicidade divina. Por isso, convido você e sua família a ler a Bíblia, meditar, orar e contemplar e depois perceba a diferença. A fé brota da Palavra de Deus. Namore a Bíblia e deixe-se seduzir por ela. O dízimo é Palavra de Deus e bênção divina.

Talvez, a Teresinha quando fez a experiência de oração ao Deus vivo não conhecia o método da leitura orante, muito usado desde o início do cristianismo. O método pede que a pessoa leia uma ou mais vezes o texto bíblico, medite-o por um longo período, ore e tire conclusões práticas para a sua vida. Quem se apropria deste jeito de ler a Bíblia dá muitos frutos em sua comunidade.

O que aconteceu com a Teresinha? Quantos frutos saíram do seu coração? Será que ela passou algumas horas e já se tornou dizimista ou fez uma longa caminhada à luz da Palavra de Deus?

O contato direto com Deus se faz por meio de sua Palavra. Somos abençoados quando entramos em contato com a Palavra de Deus, e assim, sentimos dentro de nós que Deus é pura graça. O dízimo deixa de ser um encargo quando a pessoa se deixa envolver pela luz divina. Um batizado, consciente do seu batismo, fará uma experiência do dízimo com muito amor. O amor nos move, e por meio dele somos santificados.

O deserto

É um local abençoado e não especifico. O deserto poderá ser uma rua, uma floresta, um ponto de ônibus, um roçado, uma fábrica, uma Igreja, uma praça... Nunca vou querer deixar de relatar fatos maravilhosos como o de Teresinha. Uma pessoa que passa um mês lendo, meditando, orando e contemplando a Palavra de Deus é um *cristão* que acredita no Deus vivo. Um cristão que se dispõe a fazer uma experiência com Deus se tornará um exemplo para os outros da comunidade. Um gesto autêntico vale mais do que cem palavras ditas.

Teresinha vive no deserto da fé cristã. Ela, além de catequista, caminha pelas ruas anunciando a mensagem de Jesus e coordena um grupo de estudos bíblicos. Os grupos bíblicos são chamados de "células de evangelização", ou seja, um corpo conectado com todos os seus membros por meio de uma rede de comunidades. Não gostaria de terminar este belíssimo testemunho sem antes relatar a experiência missionária de Teresinha.

A sua experiência é descrita com estas palavras:

> Em todas as casas em que eu bati durante todo o período da missão sobre o dízimo, as pessoas que me atenderam me receberam muito bem. Quando passei em frente de um bar e vi três homens parados na porta, parei, e fui entregar o convite para o dia do dízimo na comunidade. Um que estava sentado numa cadeira com o pé enfaixado e em cima de outra cadeira, no momento que lhe entreguei o convite, seus olhos se encheram de lágrimas. O mais jovem dos três repetiu várias vezes: "Obrigado, senhora, obrigado, senhora, obrigado, senhora..." Isto tocou no fundo do meu coração. Dificilmente vou esquecer essa cena.
>
> O que ficou para mim? Eu preciso mudar! Para melhor! Que Deus, em sua infinita misericórdia, me ajude.

Deus é luz e sua Palavra endireita os caminhos tortos. Seja a próxima pessoa a ser uma bênção em sua comunidade. Que Deus acompanhe cada um de vocês nesta jornada, rumo ao Reino de Deus, o lugar definitivo da glória plena do Pai.

Escolha um lugar, leia, medite, ore e contemple esta magnífica passagem do Salmo 139,23-24: "Examina-me, ó Deus, e conhece o meu coração, prova-me e conhece meus sentimentos; olha se meu caminho se desvia e guia-me pelo caminho eterno".

Quantos dias faltam para você ser um dizimista em sua comunidade? Não deixe para outro dia, comece hoje e veja as graças de Deus habitar em sua vida.

Cantos

Oração de São Francisco de Assis

Senhor, fazei-me instrumento de vossa paz.
Onde houver ódio, que eu leve o amor.
Onde houver ofensa, que eu leve o perdão.
Onde houver discórdia, que eu leve a união.
Onde houver dúvida, que eu leve a fé.
Onde houver erro, que eu leve a verdade.
Onde houver desespero, que eu leve a esperança.
Onde houver tristeza, que eu leve a alegria.
Onde houver trevas, que eu leve a luz.
Ó Mestre, fazei que eu procure mais
Consolar que ser consolado.
Compreender que ser compreendido.
Amar que ser amado.
Pois é dando que se recebe.
É perdoando que se é perdoado.
E é morrendo que se vive para a vida eterna.

Não se deve dizer

(GALVÃO, José Raimundo, in: CNBB, *Hinário litúrgico. Domingos do tempo comum. Anos A, B e C*. São Paulo, Paulus 1991, p. 337.)

Não se deve dizer: "Nada posso ofertar!"
Pois as mãos mais pobres
São as que mais se abrem para tudo dar. (Bis)

O Senhor só deseja que em nós
Tudo seja um constante servir.
Quando nada se tem, só resta dizer:
"Senhor, eis-me aqui!"

Com as mãos bem abertas,
Trazendo as ofertas do vinho e do pão,
Surge o nosso dever
De tudo fazer com mais doação.

Alegrias da vida,
Momentos da lida, eu posso ofertar;
Pois, nas mãos do Senhor,
Um gesto de amor não se perderá.

Os cristãos tinham tudo em comum

(Letra: Dom Carlos Alberto Navarro; música: Valdeci Farias. In: CNBB, *Hinário litúrgico*, p. 429.)

Os cristãos tinham tudo em comum
Dividiam seus bens com alegria.
Deus espera que os dons de cada um,
Se repartam com amor no dia a dia!

Deus criou este mundo para todos,
quem tem mais é chamado a repartir
com os outros o pão, a instrução,
e o progresso, fazer o irmão sorrir!

Mas, acima de alguém que tem riquezas,
'stá o homem, que cresce em seu valor,
e, liberto, caminha para Deus;
repartindo com todos o amor.

No desejo de sempre repartirmos
nossos bens, elevemos nossa voz.
Ao trazer pão e vinho para o altar,
em que Deus vai se dar a todos nós.

Mãe do céu morena

(Pe. Zezinho, scj. CD 06551-0 *Melhores momentos*, Paulinas-COMEP.)

Mãe do céu morena,
Senhora da América Latina
De olhar e caridade tão divina,
de cor igual à cor de tantas raças,
Virgem tão serena, Senhora destes povos tão sofridos,
Patrona dos pequenos e oprimidos,
Derrama sobre nós as tuas graças.

Derrama sobre os jovens tua luz,
Aos pobres vem mostrar o teu Jesus,
Ao mundo inteiro traz o teu amor de mãe.
Ensina a quem tudo a partilhar,
Ensina a quem tem pouco a não cansar,
E faz o nosso povo caminhar em paz!

Derrama a esperança sobre nós,
Ensina o povo a não calar a voz.
Desperta o coração de quem não acordou.
Ensina que a justiça é condição
de construir um mundo mais irmão,
E faz o nosso povo conhecer Jesus.

Sumário

Apresentação 5
Orientações 7
Pai-Nosso do Amor-partilha 9
1º Encontro 10
2º Encontro 17
3º Encontro 24
4º Encontro 31
5º Encontro 38
O deserto do Amor-partilha 45
Cantos 51